Direction de la publication : **Isabelle Jeuge-Maynart et Ghislaine Stora**
Direction éditoriale : **Delphine Blétry**
Édition : **Marion Pipart**
Direction artistique : **Emmanuel Chaspoul**
Mise en page : **Miyo édit**
Lecture-correction : **Joëlle Narjollet**
Couverture : **Véronique Laporte**
Fabrication : **Annie Botrel**

ISBN 978-2-03-587062-9

LES MINI LAROUSSE

Les meilleures recettes au Pepsi-Cola

Alexia Janny
Photographies de Pierre Chivoret

LAROUSSE
21 rue du Montparnasse 75283 Paris Cedex 06

PEPSI
Be Sociable,

Sommaire

PEPSI-COLA

Donnez du peps à vos recettes !

Comment ? La fameuse boisson au cola de l'Oncle Sam se cuisinerait comme n'importe quel ingrédient incontournable, et vous l'ignoriez ?

Eh oui ! Derrière ses bulles et son goût très sucré, le Pepsi-Cola® cache une saveur douce-amère, capable de donner aux petits plats amoureusement cuisinés un goût de nouveauté. Même le sucre qu'il contient en quantité deviendra votre allié pour caraméliser les travers de porc, sublimer la marinade d'un poisson, faire des sucettes maison ou donner un petit coup de jeune aux macarons...

Alors, n'hésitez pas à mettre du Pepsi un peu partout dans vos recettes et retrouvez son goût si particulier et totalement addictif !

Et, pour faire patienter les gourmands affamés, gardez-en un petit verre de côté.

Salade de pommes de terre au Pepsi

POUR 4 PERSONNES

PRÉPARATION : 25 min • **CUISSON** : 20 min

600 g de pommes de terre à chair ferme • 15 g de beurre • 30 cl de Pepsi-Cola® • 1 pincée de sel • 1 poignée de roquette • 8 tomates cerises • 2 oignons nouveaux

Pour la vinaigrette : 1 gousse d'ail • 20 cl de Pepsi-Cola® • 10 cl d'huile de sésame • 3 c. à soupe de vinaigre balsamique • 1 c. à café de moutarde • sel et poivre

1. Épluchez les pommes de terre et coupez-les en quartiers. Faites fondre le beurre dans une poêle sur feu vif, ajoutez les pommes de terre et faites-les dorer des 2 côtés. Baissez le feu, versez la moitié du Pepsi, enrobez-en délicatement les pommes de terre, puis ajoutez le reste du soda et le sel. Laissez cuire de 10 à 15 min tout en remuant jusqu'à ce que le Pepsi soit complètement absorbé.

2. Préparez la vinaigrette. Épluchez l'ail, pressez-le et mettez-le dans un shaker avec les autres ingrédients. Secouez énergiquement le shaker.

3. Lavez la roquette, essorez-la et mettez-la dans un saladier. Coupez les tomates cerises en quartiers. Épluchez les oignons nouveaux et émincez-les finement. Déposez les pommes de terre tiédies sur la salade, ainsi que les tomates cerises et l'oignon, puis arrosez de vinaigrette.

Jardinière de mini-légumes au Pepsi

POUR 4 PERSONNES

PRÉPARATION : 20 min • **CUISSON** : 20 min env.

6 petites pommes de terre (type rattes) • 1 petit panais • 2 petits navets • 2 oignons nouveaux • 6 mini-carottes • 2 jeunes poireaux • 50 g de lardons en allumettes • 3 c. à soupe d'huile d'olive • 33 cl de Pepsi-Cola® • sel et poivre

1. Épluchez les légumes et lavez-les. Coupez les pommes de terre, le panais, les navets et les oignons nouveaux en quartiers. Coupez les carottes en deux et taillez les poireaux en tronçons.
2. Dans une sauteuse, faites suer les lardons 3 min sans matière grasse. Égouttez-les sur du papier absorbant.
3. Dans la même sauteuse, faites chauffer l'huile d'olive, puis faites sauter tous les légumes de 10 à 12 min, en veillant à ce qu'ils restent croquants.
4. Ajoutez les lardons, puis versez le Pepsi et déglacez. Salez, poivrez et laissez cuire encore 3 ou 4 min, puis servez.

Risotto au Pepsi

POUR 4 PERSONNES

PRÉPARATION : 10 min • **CUISSON** : 30 min

1 oignon • 3 c. à café d'huile d'olive • 250 g de riz arborio ou de riz rond • 45 cl de bouillon de poule instantané chaud • 35 cl de Pepsi-Cola® • 30 g de beurre • 25 g de parmesan • 150 g de fines tranches de poitrine fumée • 1 petit bouquet de ciboulette • sel et poivre

1. Épluchez l'oignon et hachez-le. Dans une sauteuse, faites chauffer l'huile d'olive, puis faites revenir l'oignon 3 min. Ajoutez le riz et faites-le revenir 2 min sans cesser de remuer jusqu'à ce que les grains soient translucides.
2. Versez une louchée de bouillon de poule et laissez cuire jusqu'à ce que le riz l'ait complètement absorbé. Renouvelez l'opération jusqu'à épuisement du bouillon. Versez le Pepsi dans le riz presque cuit et laissez absorber – le riz doit être cuit mais légèrement croquant.
3. Hors du feu, incorporez le beurre et le parmesan, puis couvrez.
4. Dans une poêle bien chaude, faites dorer les tranches de poitrine fumée, puis coupez-les en morceaux et mettez-les dans la sauteuse. Rincez la ciboulette, puis ciselez-la au-dessus du risotto. Salez, poivrez, mélangez et servez sans attendre.

DRINK
A NICKEL DRINK-WORTH A

Brochettes de gambas au Pepsi

POUR 4 PERSONNES

PRÉPARATION : 15 min • **CUISSON** : 20 min

12 belles gambas crues • 1 c. à soupe de sucre en poudre • 1 c. à soupe de miel liquide • 20 cl de Pepsi-Cola® • 10 g de noix de coco râpée • sel et poivre

1. Décortiquez les gambas en prenant soin de laisser le dernier anneau avec la queue.
2. Dans une poêle antiadhésive, faites chauffer le sucre, le miel et le Pepsi jusqu'à obtenir un liquide sirupeux.
3. Plongez les gambas trois par trois dans la poêle et faites-les cuire 3 min à feu vif en les enrobant de sirop. Déposez-les au fur et à mesure sur une plaque tapissée de papier sulfurisé.
4. Piquez 3 gambas sur des piques en bois pour former des brochettes. Salez, poivrez légèrement et saupoudrez de noix de coco râpée. Servez les brochettes de gambas accompagnées d'une salade verte et d'un quartier de citron vert.

Sucettes de saumon mariné au Pepsi

POUR 4 PERSONNES

PRÉPARATION : 15 min • **MARINADE** : au moins 1 h • **CUISSON** : 10 min

4 pavés de saumon • 30 g de graines de pavot
Pour la marinade : 2 gousses d'ail • 5 brins de persil plat • 25 cl de Pepsi-Cola® • 3 c. à soupe d'huile d'olive • le jus de 1/2 citron • 1 c. à soupe de miel liquide • 1 c. à soupe de ketchup • 1 c. à soupe de moutarde • 1 c. à soupe d'herbes de Provence • sel et poivre

1. Préparez la marinade. Épluchez l'ail et pressez-le. Rincez le persil plat et ciselez-le. Mélangez tous les ingrédients de la marinade dans un bol.
2. Taillez chaque pavé de saumon en 3 ou 4 bandes égales. Enfilez un bâtonnet en bois sur toute la longueur de chaque bande, puis déposez les sucettes dans un plat creux. Enrobez-les généreusement de marinade à l'aide d'un pinceau, puis laissez reposer au moins 1 h au frais.
3. Préparez le barbecue ou faites chauffer une poêle antiadhésive. Versez les graines de pavot dans un plat.
4. Saisissez les sucettes de saumon sur le gril et faites-les dorer sur tous les côtés. Roulez-les dans les graines de pavot, puis servez chaud avec une sauce barbecue maison et des pousses de poireaux.

Poulet au Pepsi

POUR 4 PERSONNES

PRÉPARATION : 15 min • **REPOS** : 1 h • **CUISSON** : 50 min à 1 h

1 poulet de 1,5 kg coupé en morceaux • 5 c. à soupe d'huile d'olive • 1/2 c. à café de piment en poudre • 1 c. à soupe de cinq-épices • 3 échalotes • 1 petit morceau de gingembre • 1 l de Pepsi-Cola® • 4 branches de persil plat • 20 g de beurre • sel et poivre

1. Mettez les morceaux de poulet dans un plat creux. Badigeonnez-les d'huile d'olive, puis salez, poivrez et saupoudrez de piment et de cinq-épices. Couvrez de film alimentaire et placez au frais pour 1 h.

2. Épluchez les échalotes et le gingembre, puis émincez-les. Faites chauffer 1 c. à soupe d'huile d'olive dans une sauteuse, puis faites revenir les échalotes et le gingembre pendant 3 min.

3. Égouttez les morceaux de poulet, puis mettez-les dans la sauteuse et faites-les dorer sur feu vif. Versez le Pepsi, couvrez et laissez cuire à feu doux de 30 à 45 min.

4. Sortez les morceaux de poulet de la sauteuse et disposez-les dans un plat creux.

5. Rincez le persil plat, puis ciselez-le. Dans une poêle, faites réduire le jus de cuisson, puis incorporez le beurre. Versez le jus sur le poulet, puis parsemez de persil plat. Servez bien chaud avec du riz blanc ou une poêlée de carottes.

Magrets de canard croustillants au Pepsi

POUR 4 PERSONNES

PRÉPARATION : 15 min • **MARINADE** : 3 h • **CUISSON** : 30 min

2 magrets de canard avec la peau • 2 cives
Pour la marinade : 50 cl de Pepsi-Cola® • le jus de 1 citron • 2 c. à soupe de miel liquide • 2 c. à soupe de sauce soja • 1 c. à café de Worcestershire sauce • 1 c. à café de sauce hoisin • 1 c. à café de gingembre en poudre • 1 c. à café de graines d'anis vert • 1 bâton de cannelle • 1 étoile de badiane • sel et poivre

1. Préparez la marinade en mélangeant tous les ingrédients dans un bol. Placez les magrets de canard dans un plat creux allant au four, côté peau au-dessus, puis badigeonnez-les de marinade et versez le reste dans le plat. Couvrez d'un film alimentaire et laissez mariner 3 h à température ambiante.
2. Préchauffez le four à 250 °C (therm. 8-9).
3. Enfournez les magrets pour 15 min, puis sortez le plat du four, retournez les magrets, arrosez-les du jus de cuisson et enfournez de nouveau pour 15 min en baissant le four à 180 °C (therm. 6).
4. Rincez les cives, puis émincez-les finement. Sortez les magrets du four, puis coupez-les en fines tranches. Parsemez-les de rondelles de cive et servez avec du riz.

Carré d'agneau glacé au Pepsi

POUR 4 PERSONNES

PRÉPARATION : 5 min • **CUISSON :** 25 à 30 min

20 cl de Pepsi-Cola® • 250 g de miel liquide • 1 carré d'agneau (de 6 côtes environ) • 3 c. à soupe d'huile d'olive • 70 g de beurre • 2 brins de thym • sel et poivre

1. Préchauffez le four à 210 °C (therm. 7).
2. Dans une casserole, faites chauffer le Pepsi et le miel de 5 à 8 min à feu moyen, jusqu'à obtenir un sirop.
3. Mettez le carré d'agneau dans un plat allant au four, arrosez-le d'huile d'olive, parsemez-le de noix de beurre et ajoutez le thym. Salez, poivrez, puis enfournez pour 10 min, jusqu'à ce qu'il commence à dorer. Badigeonnez le carré d'agneau de sirop de Pepsi à l'aide d'un pinceau et poursuivez la cuisson pendant 10 min en récupérant le jus de cuisson dans le plat et en arrosant le carré toutes les 3 ou 4 min – une croûte dorée va se former en surface.
4. Sortez le carré d'agneau glacé au Pepsi du four, puis servez-le accompagné de pommes de terre sautées à l'ail.

Travers de porc au Pepsi

POUR 6 PERSONNES

PRÉPARATION : 10 min • **CUISSON** : 2 h

3 c. à café de quatre-épices • 1 c. à café de graines de coriandre • 1 c. à café de purée de piment • 3 c. à soupe d'huile d'olive • 1 kg de travers de porc • 4 c. à soupe de miel liquide • 30 cl de Pepsi-Cola®

1. Préchauffez le four à 180 °C (therm. 6).
2. Dans un petit ramequin, mélangez le quatre-épices et les graines de coriandre. Dans un autre petit ramequin, mélangez la purée de piment et l'huile d'olive.
3. Mettez les travers dans un plat creux allant au four. Saupoudrez-les du mélange d'épices, arrosez-les d'huile pimentée et de miel, puis répartissez le mélange de façon à bien en recouvrir la viande. Versez le Pepsi dans le plat, puis enfournez pour 30 min.
4. Baissez la température du four à 150 °C (therm. 5) et prolongez la cuisson de 1 h 30 en arrosant les travers avec le jus de cuisson de temps en temps. Dégustez chaud avec du riz blanc parfumé.

Pepsi-Cola

Wok de bœuf et d'oignon au Pepsi

POUR 4 PERSONNES

PRÉPARATION : 20 min • **MARINADE** : 30 min • **CUISSON** : 10 min

400 g de bœuf dans le filet coupé en lanières • 4 oignons nouveaux • un petit bouquet de coriandre • 3 c. à soupe d'huile d'arachide • 20 cl de Pepsi-Cola® • 4 c. à soupe de nuoc-mâm • 2 c. à soupe de sauce soja • 2 c. à café de sucre en poudre • le jus de 3 citrons verts

Pour la marinade : 2 gousses d'ail • 4 cm de gingembre • 4 c. à café de fécule de maïs • 2 c. à soupe de sauce soja

1. Préparez la marinade. Épluchez l'ail et le gingembre, puis hachez-les finement. Mélangez-les avec la fécule de maïs et la sauce soja dans un plat creux. Ajoutez les lanières de bœuf, mélangez et laissez mariner 30 min au frais.

2. Épluchez les oignons nouveaux et émincez-les. Rincez la coriandre et ciselez-la.

3. Faites chauffez un wok, versez l'huile, puis ajoutez les lanières de bœuf avec la marinade. Saisissez le tout 2 min en remuant. Réservez.

4. Mettez les oignons dans le wok et versez le Pepsi. Faites sauter les oignons 2 ou 3 min, puis ajoutez le nuoc-mâm, la sauce soja, le sucre et le jus de citron vert. Laissez cuire 1 min, puis ajoutez la viande et poursuivez la cuisson 3 min en remuant. Parsemez de coriandre et servez.

Granité Pepsi-menthe

POUR 6 PERSONNES

PRÉPARATION : 15 min • **CUISSON** : 20 min • **REPOS** : 15 min • **CONGÉLATION** : au moins 4 h

60 cl de Pepsi-Cola® • 350 g de sucre en poudre • 5 cl de sirop de menthe • 1 bouquet de menthe

1. Dans une casserole, mélangez le Pepsi et le sucre jusqu'à ce que celui-ci soit dissous, puis portez à ébullition et laissez bouillonner 8 min.
2. Retirez la casserole du feu, versez le sirop de menthe, mélangez et laissez refroidir.
3. Lavez la menthe, effeuillez-la, puis ciselez-la finement. Versez le sirop froid dans un moule plat. Parsemez de menthe ciselée et mélangez délicatement. Placez la préparation au congélateur pour au moins 4 h, en la grattant à la fourchette de temps en temps pour éviter la cristallisation.
4. Au moment de servir, répartissez le granité Pepsi-menthe dans des verres à soda et servez aussitôt avec une longue cuillère ou une paille.

Idol

Calimucho

POUR 1 VERRE

PRÉPARATION : 2 min

4 cl de vin rouge • 4 cl de Pepsi-Cola® • quelques glaçons • 1 quartier de citron non traité

Dans un verre type tumbler – verre utilisé pour les short drinks (– de 12 cl) avec des glaçons –, mélangez le vin avec le Pepsi. Ajoutez les glaçons et le quartier de citron et dégustez bien frais avec des pop-corn.

PETITE HISTOIRE : Le calimucho est une boisson très consommée lors des fêtes de Bayonne. Dans la région du centre du Portugal, ce cocktail est connu sous le nom de *traçadinho* ou *droguinha*. En Angola, il est connu sous le nom de *catembe*.

Glace au Pepsi

POUR 4 PERSONNES

PRÉPARATION : 5 min • **CUISSON** : 10 min • **REPOS** : 15 min • **CONGÉLATION** : au moins 2 h

5 cl de Pepsi-Cola® • 2 c. à soupe de lait • 10 bonbons gélifiés au cola + 5 pour le décor • 8 petits-suisses

1. Versez le Pepsi dans un bol, puis fouettez-le jusqu'à ce qu'il n'y ait plus de bulles.
2. Dans une casserole sur feu moyen, faites chauffer le Pepsi, le lait et les bonbons jusqu'à ce que ceux-ci fondent. Mélangez délicatement jusqu'à obtenir un sirop. Laissez refroidir.
3. Dans un bol, travaillez les petits-suisses à la fourchette afin de les rendre plus souples, puis incorporez le sirop. Versez la préparation dans un bac à glace, ajoutez des bonbons au cola pour le décor et placez au congélateur pour au moins 2 h.

Yaourts au Pepsi

POUR 8 YAOURTS

PRÉPARATION : 10 min • **FERMENTATION** : 10 h • **RÉFRIGÉRATION** : 4 h

25 cl de Pepsi-Cola® • 1 yaourt nature entier • 2 c. à café d'arôme cola (dans les épiceries spécialisées ou sur Internet) • 2 c. à café de sucre en poudre • 80 cl de lait entier

1. Versez le Pepsi dans un bol, puis fouettez-le jusqu'à ce qu'il n'y ait plus de bulles.
2. Dans un bol à bec verseur, fouettez le yaourt entier, puis incorporez le Pepsi, l'arôme cola, le sucre et le lait. Placez des pots de yaourt dans une yaourtière, puis remplissez-les avec la préparation et lancez la programmation pour 10 h de fermentation.
3. Placez les yaourts au Pepsi au frais pour au moins 4 h.

Panna cotta à la gelée de Pepsi

POUR 4 PERSONNES

PRÉPARATION : 10 min • **CUISSON** : 5 min • **REPOS** : 4 h

3 feuilles de gélatine • 3 citrons verts non traités • 10 cl de crème fraîche liquide entière • 50 g de cassonade • 15 cl de lait • 1 gousse de vanille
Pour la gelée : 2 feuilles de gélatine • 30 cl de Pepsi-Cola®

1. Mettez la gélatine à ramollir dans de l'eau froide. Lavez les citrons verts, prélevez-en finement le zeste et pressez-les pour obtenir 10 cl de jus. Dans une casserole, fouettez la crème liquide, la cassonade ainsi que la moitié des zestes et le jus de citron. Incorporez le lait. Fendez la gousse de vanille, grattez les graines et ajoutez la gousse. Faites chauffer à feu doux environ 5 min sans atteindre l'ébullition.
2. Sortez la casserole du feu, retirez la gousse de vanille, puis incorporez la gélatine essorée. Versez la préparation dans des petites verrines, puis placez au frais pour 3 h.
3. Préparez la gelée. Mettez la gélatine à ramollir dans un bol d'eau froide. Faites chauffer le Pepsi pendant 3 min, puis, hors du feu, incorporez la gélatine essorée. Répartissez la gelée sur les panna cotta, puis placez de nouveau les verrines au frais pour 1 h.
4. Démoulez les panna cotta et parsemez-les des zestes de citron vert restants.

Mini-charlottes au Pepsi et aux griottes

POUR 4 MINI-CHARLOTTES

PRÉPARATION : 1 h • **REPOS** : 15 min • **RÉFRIGÉRATION** : au moins 3 h

8 bonbons gélifiés au cola • 20 cl de Pepsi-Cola® • 250 g de mascarpone • 1 sachet de sucre vanillé • 2 blancs d'œufs • 1 pincée de sel • 20 cl de crème fraîche liquide entière très froide • 500 g de cerises au sirop • 28 biscuits roses de Reims

1. Dans une casserole, à feu doux, faites fondre les bonbons gélifiés avec 15 cl de Pepsi. Mélangez et laissez tiédir.
2. Fouettez le mascarpone et le sucre vanillé, puis incorporez le sirop tiédi, toujours en fouettant jusqu'à obtenir un mélange homogène. Battez les blancs d'œufs en neige ferme avec le sel, puis incorporez-les à la préparation.
3. Montez la crème liquide très froide en chantilly, puis incorporez-la également à la préparation.
4. Égouttez les cerises au sirop. Faites rapidement tremper les biscuits de Reims dans le Pepsi restant, puis tapissez chaque moule à charlotte de 5 biscuits. Répartissez-y la mousse au mascarpone jusqu' à mi-hauteur, disposez une couche de cerises, puis couvrez de mousse au mascarpone. Fermez chaque charlotte avec 2 biscuits imbibés et placez au frais pour au moins 3 h.
5. Au moment de servir, démoulez délicatement les mini-charlottes et garnissez-les des cerises restantes.

plaisir...
PEPSI-

Pepsi cupcakes

POUR 10 CUPCAKES

PRÉPARATION : 15 min • **CUISSON** : 20 min

125 g de beurre • 17,5 cl de Pepsi-Cola® • 2 c. à soupe de cacao amer en poudre • 1 œuf • 12,5 cl de lait fermenté • 1 c. à café d'extrait de vanille • 200 g de farine • 200 g de cassonade • 1/2 c. à café de bicarbonate de soude • 1 pincée de sel
Pour le glaçage : 150 g de mascarpone • 4 ou 5 gouttes d'arôme cola (dans les boutiques spécialisées ou sur Internet) • 110 g de sucre glace • 10 bonbons gélifiés au cola

1. Préchauffez le four à 180 °C (therm. 6).
2. Faites fondre le beurre dans une casserole sur feu doux avec le Pepsi et le cacao amer. Lissez bien.
3. Dans un saladier, battez ensemble l'œuf, le lait fermenté et l'extrait de vanille. Dans un autre saladier, mélangez la farine, la cassonade, le bicarbonate de soude et le sel, puis incorporez le beurre fondu cacaoté. Ajoutez l'œuf et le lait battus en fouettant, jusqu'à ce que la pâte soit homogène.
4. Placez des caissettes en papier dans les empreintes d'un moule à cupcakes. Répartissez la pâte à mi-hauteur, puis enfournez pour 20 min. Sortez les cupcakes du four et laissez-les refroidir.
5. Préparez le glaçage. Fouettez le mascarpone avec l'arôme cola et le sucre glace jusqu'à obtenir une crème lisse. Mettez-la dans une poche à douille cannelée, puis garnissez-en chaque cupcake. Décorez d'un bonbon au cola.

Moelleux Pepsi-chocolat

POUR 6 PERSONNES

PRÉPARATION : 15 min • **CUISSON** : 30 à 40 min

200 g de chocolat noir • 20 cl de Pepsi-Cola® • 3 œufs • 150 g de sucre en poudre • 80 g de farine • 150 g de fromage blanc

1. Préchauffez votre four à 180 °C (therm. 6).
2. Mettez le chocolat à fondre dans un bol au bain-marie. Versez le Pepsi dans un autre bol, puis fouettez-le jusqu'à ce qu'il n'y ait plus de bulles.
3. Dans un saladier, battez les œufs avec le sucre jusqu'à ce que le mélange blanchisse. Ajoutez la farine, puis le fromage blanc et enfin le Pepsi. Remuez jusqu'à obtenir un mélange homogène, puis incorporez le chocolat fondu.
4. Versez la pâte dans un moule à cake beurré, puis enfournez pour 30 à 40 min – la pointe d'un couteau plantée à cœur doit ressortir sèche.
5. Dégustez tiède ou froid.

Gâteau croquant au Pepsi

POUR 8 PERSONNES

PRÉPARATION : 40 min • **CUISSON** : 45 min

1 c. à café de bicarbonate de soude • 12,5 cl de lait fermenté • 30 g de guimauves • 300 g de farine • 200 g de sucre en poudre • 4 c. à soupe de cacao amer en poudre • 2 œufs • 1 c. à café d'extrait de vanille • 100 g de beurre • 10 cl d'huile de tournesol • 25 cl de Pepsi-Cola®

Pour le glaçage : 3 c. à soupe de noisettes • 1 c. à soupe de cassonade • 100 g de beurre • 4 c. à soupe de cacao amer en poudre • 6 c. à soupe de Pepsi-Cola® • 300 g de sucre glace • 1 c. à café d'extrait de vanille

1. Préchauffez le four à 180 °C (therm. 6). Dissolvez le bicarbonate de soude dans le lait fermenté.

2. Coupez les guimauves en dés. Mélangez-les avec la farine, le sucre et le cacao amer. Battez les œufs avec l'extrait de vanille. Portez le beurre, l'huile et le Pepsi à ébullition, puis incorporez-les au mélange sec ainsi que le lait fermenté et les œufs sucrés.

3. Versez la pâte dans un moule tapissé de papier sulfurisé, puis enfournez pour 40 min.

4. Préparez le glaçage. Faites caraméliser les noisettes avec la cassonade dans une poêle, puis concassez-les. Faites fondre le beurre avec le cacao amer et le Pepsi. Incorporez le sucre glace, puis l'extrait de vanille. Nappez le gâteau de glaçage, puis parsemez d'éclats de noisettes.

Macarons au Pepsi

POUR 20 MACARONS

PRÉPARATION : 20 min • **CUISSON** : 30 min • **REPOS** : 45 min

Pour les coques : 95 g d'amandes en poudre • 155 g de sucre glace • 75 g de blancs d'œufs (soit le blanc de 3 petits œufs) • 1 pincée de sel • 50 g de sucre en poudre • 3 g de colorant noir en poudre (dans les boutiques spécialisées ou sur Internet) • cacao amer en poudre ou sucre glace

Pour la ganache : 10 cl de crème fraîche liquide • 6 cl de Pepsi-Cola® • 20 bonbons gélifiés au cola avec du sucre pétillant

1. Préparez les coques. Dans un saladier, tamisez les amandes en poudre et le sucre glace.

2. Dans un bol, montez les blancs d'œufs en neige avec le sel. Lorsqu'ils commencent à monter, saupoudrez-les de sucre, en trois fois, puis de colorant noir jusqu'à obtenir une neige ferme. Incorporez-la délicatement aux amandes en poudre en travaillant le mélange à la spatule jusqu'à ce qu'il soit bien lisse.

3. Remplissez de meringue une poche munie d'une douille, puis formez des petits disques de 3 cm de diamètre sur une plaque à pâtisserie tapissée de papier sulfurisé. Tapotez la plaque sur le plan de travail pour étaler un peu les meringues, puis laissez reposer 30 min à température ambiante – une légère croûte doit se former en surface.

4. Préchauffer le four à 150 °C (therm. 5).

>>>

un frai
un vrai plaisir ! Dans le

5. Enfournez les meringues pour 20 min.

6. Préparez la ganache. Dans une casserole, portez la crème liquide et le Pepsi à ébullition, puis laissez bouillir 1 min. Ajoutez les bonbons gélifiés dans la crème et faites-les fondre sur feu doux en remuant régulièrement. Laissez la ganache refroidir, puis placez-la au frais pour qu'elle se fige un peu.

7. Sortez les meringues du four et laissez-les refroidir quelques minutes.

8. Sortez la ganache du réfrigérateur. Décollez les coques de meringue délicatement, puis garnissez-en la moitié de ganache. Collez les coques deux par deux pour former les macarons, puis saupoudrez ceux-ci de cacao amer ou de sucre glace. Dégustez.

CONSEIL : Vous pouvez conserver ces macarons dans une boîte hermétique au réfrigérateur pendant 1 semaine.

Pepsi cake pops

POUR 30 SUCETTES

PRÉPARATION : 40 min • **REPOS** : 1 h 15

50 g de chocolat noir • 150 g de mascarpone • 1 moelleux Pepsi-chocolat de la veille (voir RECETTE p.40)

Pour le décor : 100 g de chocolat noir • crêpes dentelle écrasées • billes de sucre colorées • vermicelles en chocolat • noix de coco râpée • sucre en poudre coloré • sucre pétillant au cola (dans les boutiques spécialisées ou sur Internet)

1. Faites fondre le chocolat au bain-marie, puis incorporez le mascarpone.
2. Cassez le moelleux en morceaux, puis mixez ceux-ci au robot. Ajoutez la crème au chocolat et mixez de nouveau jusqu'à ce que la pâte ne colle plus. Mettez-la dans un saladier. Prélevez de petites portions de pâte et roulez-les en boules de la taille d'une noix dans le creux de vos mains. Déposez-les sur une plaque recouverte de papier sulfurisé et réservez au moins 1 h au frais.
3. Préparez le décor. Faites fondre le chocolat au bain-marie et répartissez les décors dans des petites assiettes. Plantez des bâtonnets en bois dans les boules au chocolat, puis plongez chaque sucette successivement dans le chocolat fondu, puis dans un décor sucré. Laissez les cake pops reposer, plantés dans une pomme ou une boîte à œufs pendant quelques minutes avant de les déguster.

Guimauves au Pepsi

POUR 500 G DE GUIMAUVES

PRÉPARATION : 30 min • **CUISSON :** 10 à 15 min • **REPOS :** 2 h

7 feuilles de gélatine • 3 blancs d'œufs • 20 cl de Pepsi-Cola® • 20 g de miel liquide • 250 g de sucre en poudre • quelques gouttes d'arôme cola (dans les boutiques spécialisées ou sur Internet) • 100 g de fécule de pomme de terre • 100 g de sucre glace

1. Faites ramollir la gélatine dans un saladier d'eau froide.
2. Battez les blancs d'œufs jusqu'à ce qu'ils doublent de volume – sans monter en neige. Dans une casserole, portez le Pepsi, le miel, le sucre et l'arôme cola à ébullition, puis laissez chauffer jusqu'à ce qu'un thermomètre de cuisine indique 130 °C – le caramel doit être transparent.
3. Hors du feu, incorporez la gélatine essorée dans le caramel, puis versez celui-ci sur les blancs d'œufs tout en fouettant et continuez de battre au moins 5 min jusqu'à ce que les blancs soient tièdes.
4. Versez la pâte à guimauve dans un moule rectangulaire légèrement huilé, égalisez la surface à l'aide d'une spatule et laissez reposer 2 h à température ambiante.
5. Tamisez la fécule et le sucre glace dans une assiette. Démoulez la guimauve et coupez-la en cubes de 4 cm de côté – trempez la lame du couteau dans de l'eau chaude pour qu'elle n'accroche pas. Roulez les guimauves dans le mélange poudreux, puis tapotez-les pour retirer l'excédent.

Pâte de fruits frizzy au Pepsi

POUR 50 PÂTES DE FRUITS

PRÉPARATION : 15 min • **CUISSON** : 20 min • **REPOS** : 2 h

40 cl de Pepsi-Cola® • 200 g de sucre en poudre • 450 g de purée de pomme • 50 g de sirop de glucose (en pharmacie ou dans les boutiques spécialisées) • le jus de 1/2 citron • 50 g de sucre pétillant au cola (dans les boutiques spécialisées ou sur Internet) • 50 g de sucre cristal

1. Dans une casserole, faites réduire le Pepsi avec le sucre jusqu'à obtenir un sirop. Ajoutez la purée de pomme et portez à ébullition. Versez le sirop de glucose et laissez cuire 7 min à gros bouillons, sans cesser de remuer, jusqu'à ce que la pâte soit épaisse et se détache des parois de la casserole – un thermomètre de cuisine doit indiquer 106 °C environ. Incorporez le jus de citron.

2. Versez la pâte de fruits dans un grand moule rectangulaire sur une épaisseur de 2 cm, puis laissez refroidir 2 h à température ambiante.

3. Mettez le sucre pétillant et le sucre cristal dans des petites assiettes. Coupez la pâte de fruits en cubes de 2 cm de côté, puis passez rapidement ceux-ci dans chaque sucre. Conservez les pâtes de fruits au frais jusqu'à 7 jours dans une boîte hermétique, en les espaçant et en séparant les couches avec du papier sulfurisé.

Pepsi-Cola

Sucettes au Pepsi

POUR 12 SUCETTES

PRÉPARATION : 10 min • **CUISSON :** 20 min • **REPOS :** 1 h

350 g de sucre en poudre • 10 cl de Pepsi-Cola® • 50 g de sirop de glucose (en pharmacie ou dans les boutiques spécialisées) • 1 c. à café d'arôme cola (dans les boutiques spécialisées ou sur Internet)

1. Mettez le sucre dans une casserole, couvrez de Pepsi, puis portez à ébullition. Ajoutez le sirop de glucose et amenez de nouveau à gros bouillons. Incorporez l'arôme cola, puis fouettez le mélange tout en gardant l'ébullition, jusqu'à obtenir un caramel brun et homogène – un thermomètre de cuisine doit indiquer 160 °C.
2. Ôtez immédiatement du feu, puis faites couler le caramel sur une plaque de pâtisserie tapissée de papier sulfurisé pour obtenir des disques d'environ 4 cm de diamètre – gardez un peu de caramel dans la casserole. Tapez le dessous de la plaque sur le plan de travail pour étaler légèrement le caramel, puis laissez refroidir 1 h à température ambiante.
3. Faites de nouveau fondre le caramel restant dans la casserole, puis trempez le bout de bâtonnets en bois dedans, sur 1 cm de long environ, et collez rapidement ceux-ci sur chaque disque de caramel pour monter les sucettes. Laissez refroidir.

Pepsi-Cola
frais
monde entier,
Pepsi-Cola.
sain,

TABLE DES ÉQUIVALENCES FRANCE – CANADA

Poids	55 g	100 g	150 g	200 g	250 g	300 g	500 g	750 g	1 kg
	2 onces	3,5 onces	5 onces	7 onces	9 onces	11 onces	18 onces	27 onces	36 onces

Ces équivalences permettent de calculer le poids à quelques grammes près (en réalité, 1 once = 28 g).

Capacités	5 cl	10 cl	15 cl	20 cl	25 cl	50 cl	75 cl
	2 onces	3,5 onces	5 onces	7 onces	9 onces	17 onces	26 onces

Pour faciliter la mesure des capacités, une tasse équivaut ici à 25 cl (en réalité, 1 tasse = 8 onces = 23 cl).

Photogravure Turquoise, Émerainville
Imprimé en Espagne par Graficas Unigraf, Madrid.
Dépôt légal : janvier 2012
308 248/01 - 11016769 - octobre 2011

Pepsi-Cola